Renate Sültz & Uwe H. Sültz

Mein Tagebuch

Mein Name:

Bibliografische Information durch die Deutsche Nationalbibliothek

Die Deutsche Nationalbibliothek verzeichnet diese Publikation in der Deutschen Nationalbibliografie; detaillierte bibliografische Daten sind im Internet über http://dnb.dnb.de abrufbar.

© 2019 Renate Sültz & Uwe H. Sültz

Herstellung und Verlag: BoD – Books on Demand, Norderstedt

ISBN 9-78374-8-17205-5

Mein Tag...

Datum:

Mein Tag...

um:

Mein Tag...

Datum:

Mein Tag...

Datum:

Mein Tag...

Datum:

Mein Tag...

Datum:

Mein Tag...

Datum:

Mein Tag...

Datum:

Mein Tag...

Datum:

Mein Tag...

Datum:

Mein Tag...

Datum:

Mein Tag...

Datum:

Mein Tag...

Datum:

Mein Tag...

Datum:

Mein Tag...

Datum:

Mein Tag...

Datum:

Mein Tag...

Datum:

Mein Tag...

Datum:

Mein Tag...

Datum:

Mein Tag...

Datum:

Mein Tag...

Datum:

Mein Tag...

Datum:

Mein Tag...

Datum:

Mein Tag...

Datum:

Mein Tag...

Datum:

Mein Tag...

Datum:

Mein Tag...

Datum:

Mein Tag...

Datum:

Mein Tag...

Datum:

Mein Tag...

Datum:

Mein Tag...

Datum:

Mein Tag...

Datum:

Mein Tag...

Datum:

Mein Tag...

Datum:

Mein Tag...

Datum:

Mein Tag...

Datum:

Mein Tag...

Datum:

Mein Tag...

Datum:

Mein Tag...

Datum:

Mein Tag...

Datum:

Mein Tag...

Datum:

Mein Tag...

Datum:

Mein Tag...

Datum:

Mein Tag...

Datum:

Mein Tag...

Datum:

Mein Tag...

Datum:

Mein Tag...

Datum:

Mein Tag...

Datum:

Mein Tag...

Datum:

Mein Tag...

Datum:

Mein Tag...

Datum:

Mein Tag...

Datum:

Mein Tag...

Datum:

Mein Tag...

Datum:

Mein Tag...

Datum:

Mein Tag...

Datum:

Mein Tag...

Datum:

Mein Tag...

Datum:

Mein Tag...

Datum:

Mein Tag...

Datum:

Mein Tag...

Datum:

Mein Tag...

Datum:

Mein Tag...

Datum:

Mein Tag...

Datum:

Mein Tag...

Datum:

Mein Tag...

Datum:

Mein Tag...

Datum:

Mein Tag...

Datum:

Mein Tag...

Datum:

Mein Tag...

Datum:

Mein Tag...

Datum:

Mein Tag...

Datum:

Mein Tag...

Datum:

Mein Tag...

Datum:

Mein Tag...

Datum:

Mein Tag...

Datum:

Mein Tag...

Datum:

Mein Tag...

Datum:

Mein Tag...

Datum:

Mein Tag...

Datum:

Mein Tag...

Datum:

Mein Tag...

Datum:

Mein Tag...

Datum:

Mein Tag...

Datum:

Mein Tag...

Datum:

Mein Tag...

Datum:

Mein Tag...

Datum:

Mein Tag...

Datum:

Mein Tag...

Datum:

Mein Tag...

Datum:

Mein Tag...

Datum:

Mein Tag...

Datum:

Mein Tag...

Datum:

Mein Tag...

Datum:

Mein Tag...

Datum:

Mein Tag...

Datum:

Mein Tag...

Datum:

Mein Tag...

Datum:

Mein Tag...

Datum:

Mein Tag...

Datum:

Mein Tag...

Datum:

Mein Tag...

Datum:

Mein Tag...

Datum:

Mein Tag...

Datum:

Mein Tag...

Datum:

Mein Tag...

Datum:

Mein Tag...

Datum:

Mein Tag...

Datum:

Mein Tag...

Datum:

Mein Tag...

Datum:

Mein Tag...

Datum:

Mein Tag...

Datum:

Mein Tag...

Datum:

Mein Tag...

Datum:

Mein Tag...

Datum:

Mein Tag...

Datum:

Mein Tag...

Datum:

Mein Tag...

Datum:

Mein Tag...

Datum:

Mein Tag...

Datum:

Mein Tag...   Datum:

Mein Tag...

Datum: